LES
RESPONSABILITÉS

I

LA DÉCLARATION DE GUERRE

EN 1870

Suum cuique.

PARIS

AMYOT, LIBRAIRE-ÉDITEUR

8, RUE DE LA PAIX, 8

PARIS. — IMPRIMERIE ARNOUS DE RIVIÈRE ET Ce.

26, rue Racine, 26.

J. J. RICHAUD

LES

RESPONSABILITÉS

I

LA DÉCLARATION DE GUERRE

EN 1870

Suum cuique

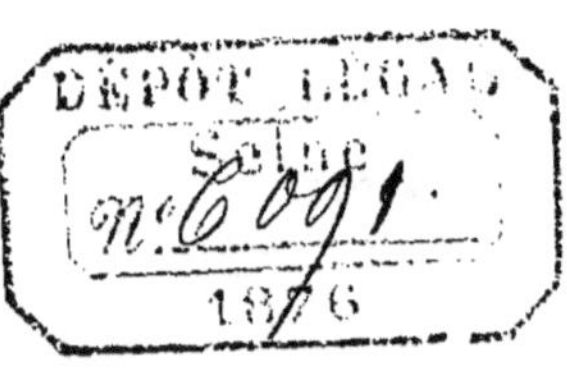

PARIS

AMYOT, LIBRAIRE-ÉDITEUR

8, RUE DE LA PAIX, 8

1876

LA

DÉCLARATION DE GUERRE

EN 1870

Si l'on examine la composition des forces françaises au début de la guerre, au mois de juillet 1870, on voit que l'armée d'opérations se composait :

De trois corps d'armée commandés par des maréchaux (Mac-Mahon, Bazaine, Canrobert), à quatre divisions d'infanterie chaque, soit douze divisions ;

De quatre corps commandés par des généraux (Frossard, Ladmirault, de Failly, Douay), à trois divisions chaque, soit douze divisions ;

D'une vingt-cinquième division fournie par l'infanterie de marine ;

Et enfin de deux divisions de la garde impériale.

Total : vingt-sept divisions.

Si l'on considère maintenant les forces actives de la Confédération de l'Allemagne du Nord, on voit qu'elles se composaient :

De douze corps d'armée à deux divisions chaque, soit vingt-quatre divisions ;

De-la vingt-cinquième division (hessoise) ;

Et enfin des deux divisions de la garde prussienne.

Total égal : vingt-sept divisions.

Vingt-sept contre vingt-sept. Il est évident que
ce n'est pas là un pur effet du hasard.

Les proportions de l'artillerie et de la cavalerie
différaient quelque peu. Mais outre que c'est l'infanterie qu'il faut considérer parce qu'elle est la
base et le capital d'une armée, la différence dans
la proportion des armes spéciales n'était pas aussi
considérable qu'on s'est plu à le dire. En ce qui
concerne l'artillerie, dont on a surtout parlé, ce
n'est pas tant la quantité totale des bouches à feu,
par rapport au nombre des troupes, qui différait,
que leur répartition. En France, les réserves générales sont plus fortes et l'artillerie divisionnaire
plus faible : d'où résulte que les réserves entrent
tardivement en action, et quelquefois pas du tout.
En Prusse, au contraire, les réserves générales sont
moindres et l'artillerie divisionnaire plus forte :
de sorte qu'il y en a plus en première ligne et
qu'on peut, dès le début, concentrer des feux écra-
sants.

On a beaucoup argué aussi de la différence des
services administratifs. Pour que ces services,

dans quelque armée que ce soit, puissent fonction-
ner régulièrement, il faut que l'on soit avisé à
l'avance des emplacements où se trouveront les
troupes, de leur répartition et des mouvements
qu'elles opéreront. Sans cela, il n'est pas possible
de diriger à point les approvisionnements et les
convois. L'exécution régulière du plan du général
en chef est la condition du fonctionnement régu-
lier de l'intendance, quelle qu'elle soit. Si ce plan
est renversé, il est certain que les services se trouveront désorganisés.

Il n'est même pas nécessaire, pour cela, qu'il y
ait de grands revers : il suffit d'un mouvement
imprévu et brusque. On l'a vu pour l'armée prussienne, lors de la marche sur Sedan. Plusieurs
corps ont manqué de vivres, parce que ce mouvement sortait des prévisions de l'état-major ennemi,
et que les ordres et, par conséquent, les directions
n'étaient pas donnés d'avance. Partout ailleurs,
les Prussiens, prenant leur temps, suivant régulièrement leur route et leur plan, ont reçu ponc-
tuellement leurs approvisionnements.

Le bouleversement produit par la rapidité des
mouvements de l'ennemi, par la soudaineté de
l'invasion et des revers, fut d'autant plus grand
que les parcs et les magasins de l'armée avaient
été placés sur la frontière, que des arsenaux de
premier ordre et des manufactures d'armes s'y

troùvaient également à demeure, et surtout que les corps d'armée avaient cette frontière même comme lieu de rassemblement et de formation.

D'un autre côté les places fortes n'étaient pas approvisionnées; leur armement était incomplet; certaines même étaient sans garnison. Les fortifications nouvelles de Metz étaient seulement en cours d'exécution, celles de Strasbourg et des autres places, en mauvais état et d'ancien système. Le chemin de fer parallèle à la frontière, qui allait servir de base d'opérations, était à peine commencé; la ligne plus importante de Châlons à Metz n'était pas achevée. En un mot rien ne semblait prêt.

Il n'arrive pourtant pas, d'ordinaire, qu'un particulier, qu'un père de famille se lance dans une aventure capitale sans avoir pris quelques précautions; à plus forte raison un souverain qui, quoi qu'on dise, est entouré de renseignements, de conseils, de lumières plus qu'un particulier, et alors surtout que ce souverain a, comme enjeu, son trône et l'existence de sa dynastie, et cette transmission de la couronne qui était, pour Napoléon III, le grand objectif de sa vie et le couronnement de son édifice, parce qu'il la considérait comme la clôture définitive de la période révolutionnaire et l'achèvement de sa mission providentielle.

Or, que fallait-il à Napoléon III en 1870, que devait-il désirer? Évidemment un relèvement de son prestige et de celui de la France. Et, depuis 1866, depuis Sadowa, il était non moins évident qu'il ne pouvait relever ce prestige que par une lutte victorieuse contre la Prusse.

Le choc était inévitable, personne ne l'ignorait. Le premier mouvement des Hohenzollern déterminerait l'explosion. Occasion, nécessité ou prétexte, c'était tout un. Si l'on n'agissait pas, l'inaction serait imputée à crime; si l'on agissait, la Prusse s'arrangerait toujours de manière qu'on eût l'air d'être l'agresseur.

D'un autre côté, on ne pourrait songer à une lutte poussée à fond, à une guerre de conquêtes, car une guerre de conquêtes, une offensive prolongée, un envahissement profond du territoire ennemi, amèneraient sans nul doute une intervention des autres puissances, une coalition européenne; et, devant cette coalition, la victoire se changerait en revers, et le second Empire finirait comme le premier.

Ce qu'il fallait, c'était une offensive courte et brillante, une campagne de succès arrêtée brusquement par un effort de modération, une victoire surtout de prestige, une affirmation de la suprématie des armes françaises, une guerre d'effet moral. Il fallait que, commentant le mot célèbre de Louis-Napoléon, on pût répéter une fois de plus à la France, à l'Europe, au monde : l'Empire c'est la paix, cela signifie que l'Empire sera toujours la gloire, mais qu'il ne sera plus la conquête.

Il fallait, en un mot, après une brillante offensive, après de retentissantes victoires, s'arrêter brusquement, au moment précis, comme en 1859, à Villafranca.

Une répétition contre la Prusse de la campagne de 1859 contre l'Autriche : voilà ce qu'il fallait à Napoléon III, voilà ce qu'il voulait, ce qu'il espérait, et ce à quoi il s'était préparé.

Et, il faut le dire et le noter avec soin, il était prêt dans cette limite.

Il était prêt tout autant qu'il le fut en 1859, tout autant que pour la campagne qui le conduisit à Magenta et à Solferino. Et il est singulier qu'on n'en ait pas fait la remarque ; car les dispositions prises au dedans et au dehors étaient identiquement les mêmes.

En 1859, l'armée fut portée d'emblée sur la frontière ennemie. C'est là seulement que s'organisèrent les corps d'armée, que les régiments se complétèrent, que les corps reçurent leur artillerie, leurs équipages, leurs ambulances, tous leurs services. Le ministre de la guerre Vaillant, qui avait préparé la campagne, quitta son portefeuille pour les fonctions de major général. L'Empereur commandait en chef, son quartier général était à Alexandrie, avec la garde autour de lui. On comptait sur un engin nouveau, les canons rayés.

A l'intérieur, on n'avait pas pris de précautions défensives. L'hypothèse des revers n'avait pas même été envisagée. Il n'y avait pas de réserves constituées. Les places fortes n'étaient pas en état de défense. Et les arsenaux ne contenaient pas d'approvisionnements au delà de ce qu'il fallait pour la courte campagne méditée. L'intendance était la même que depuis, et l'état-major aussi.

On calculait que l'Europe resterait simple spectatrice de la lutte tant qu'elle ne dépasserait pas certaines limites. On comptait sur la rivalité de la Prusse contre l'Autriche pour neutraliser, tout au moins au début, les effets de la Confédération germanique. On s'était borné à réunir dans l'Est une armée d'observation relativement très-faible, sous les ordres du maréchal Pélissier, et dont l'absence d'ailleurs était compensée en Italie par les troupes piémontaises. On se tenait pour assuré que l'Allemagne ne bougerait pas, du moment qu'on s'arrêterait à temps, et qu'on ne ferait pas une guerre de conquêtes selon les traditions du premier Empire. Au surplus, on comptait sur le bon vouloir de la Russie, qui avait à satisfaire ses rancunes contre l'Autriche, et à qui la défaite de cette puissance devait être agréable; et l'on en concluait que la Russie pèserait de tout son poids sur la Prusse et l'Allemagne, et les tiendrait au besoin en respect, le temps voulu.

Quand l'armée fut réunie, complétée, organisée, on se mit en mouvement. Le premier objectif fut une concentration générale, l'aile droite s'avançant sous le commandement de M. de Mac-Mahon, le gros de l'armée marchant, avec la garde, sous les ordres directs de l'Empereur. Après quelques combats partiels, le mouvement aboutit à une bataille, Magenta, suivie bientôt de la victoire de Solferino. Puis, arrivé devant le quadrilatère, on s'arrêta brusquement, au moment où la Russie fit connaître confidentiellement que l'on était assez loin, qu'elle ne pourrait pas répondre d'arrêter plus longtemps les velléités belliqueuses de la Confédération germanique, et qu'on allait être attaqué à la fois par la Confédération, par la Prusse et par l'Angleterre. On fit la paix : et le monde n'eut pas assez d'éloges pour ce qu'on appela la modération du vainqueur.

C'était exactement le programme que Napoléon III avait l'intention de suivre en 1870. Le rapprochement est aisé et significatif.

L'armée était portée immédiatement sur la frontière où elle devait se compléter et s'organiser. Les corps d'armée devaient s'y former, y recevoir leur matériel, leur artillerie, leur état-major. Les réservistes devaient y rejoindre leurs régiments. L'armée se développait pareillement à la frontière ennemie avec la garde impériale en arrière, à Metz, où était le grand quartier général. L'Empereur commandait en chef. Le ministre de la guerre, Lebœuf, avait quitté son portefeuille pour les fonctions de major général. On comptait sur un engin de guerre nouveau : les mitrailleuses. Tout cela comme en 1859.

Mac-Mahon commandait l'aile droite. Par une série de mouvements et de combats partiels, on arriverait à une concentration générale de l'armée. On livrerait alors une bataille analogue à celle de Magenta; on en livrerait une autre vers le Rhin, comme Solferino; et, comme le moment serait arrivé où l'Europe s'alarmerait de ces succès, le moment où l'Allemagne du Sud, menacée directement, sortirait forcément de l'attitude expectante dont on se croyait assuré jusque-là, — point capital, — on s'arrêterait devant les forteresses du Rhin, comme jadis devant celles du quadrilatère; on ferait la paix aux conditions les plus modérées. Le but serait atteint, et la campagne finie avant l'automne. C'était, comme en 1859, l'affaire de deux mois.

C'est à tort qu'on opposerait les termes de la proclamation adressée par l'Empereur à ses troupes avant l'entrée en campagne, où il leur annonçait une guerre longue, difficile, des siéges, etc. Un tel langage, pris à la lettre, n'eût été propre qu'à décourager. Il devait donc avoir un autre motif : c'était évidemment de donner le change et de préparer les esprits à accepter plus aisément une brusque terminaison de la campagne. L'Empereur ne pouvait annoncer à l'avance son plan et l'intention de ne pas dépasser une certaine limite. C'eût été une raison pour que, le cas échéant, l'ennemi refusât de traiter. Il fallait au contraire avoir l'air décidé aux dernières extrémités. Cela tombe sous le sens.

On n'avait par conséquent à se préparer que dans les limites d'une guerre comme celle d'Italie. La brièveté de la campagne que l'on projetait ne permettrait pas à l'ennemi de faire entrer en ligne ses Landwehr. On n'avait donc à tenir compte, pour l'effectif que l'on aurait à combattre, que de l'armée active de la Confédération du Nord.

Et cet effectif lui-même semblait devoir être diminué, au moins au début, des forces que la Prusse serait forcée de tenir en observation sur la frontière danoise et peut-être aussi du côté de l'Autriche. Les forces se trouveraient dans tous les cas au moins égales, puisque, comme il a été exposé, on opposait dans le plan de campagne vingt-sept divisions françaises aux vingt-sept divisions de l'armée de la Confédération du Nord. C'était alors la valeur seule des troupes qui déciderait de la victoire : et de ce côté Napoléon III avait pleine confiance.

Il n'y avait donc pas à se préoccuper de la possibilité de revers suivis d'une invasion. Dans tous les cas, en admettant une telle hypothèse, elle ne se fût pas présentée d'emblée et d'une manière foudroyante. On aurait, derrière l'armée de ligne, le temps de réunir et d'armer les troupes de dépôt et les gardes mobiles, et d'assurer le service intérieur et la garde des places fortes. M. Thiers lui-même l'avait déclaré au Corps législatif.

Il estimait qu'en tous cas, on aurait bien deux ou trois mois devant soi.

Par des raisons analogues, et pour concorder avec les mouvements projetés et le plan de la campagne purement offensive que l'on méditait, les magasins de l'armée, ses vivres étaient portés sur l'extrême frontière, à Forbach, à Bitche, etc. Le grand parc d'artillerie était dirigé sur Toul.

Il est aisé maintenant de se rendre compte du désarroi dans lequel le renversement complet et instantané du plan tracé plongea toutes choses en France, et des raisons qui firent échouer si complétement ce plan. Elles sont de deux ordres : militaires et diplomatiques.

Au point de vue militaire, on avait, par une singulière inattention, compté que l'on aurait avec les Prussiens autant de temps pour se mettre en état de marcher en avant que l'on en avait eu avec les Autrichiens. Il restera inexplicable que, lorsqu'au temps du maréchal Niel on songea à reformer l'armée, on n'ait pas vu que le point capital était le système de mobilisation, que c'était ce qui constituait la véritable supériorité de l'armée prussienne. D'une part, assurer la prompte rentrée des réservistes ; d'autre part, avoir des corps d'armée toujours organisés, avec tous leurs services, leurs états-majors, leurs corps spéciaux ; et enfin ne mettre ces corps en mouvement, ne les porter à la frontière que lorsqu'ils étaient complétement prêts : tels étaient les points qui auraient dû attirer avant tout l'attention, bien plus que le sytème de recrutement.

Il eût fallu encore quinze jours à l'armée française pour être complétement organisée, prête à marcher en avant. Les Prussiens avaient quinze jours d'avance sur nous. Napoléon III l'a bien compris, et il l'a fort bien dit : « Vous, écrivait-il au général anglais, sir John Burgoygne, vous qui êtes le Moltke de l'Angleterre, vous avez compris que nos désastres viennent de cette cause que les Prussiens ont été prêts plus tôt que nous, et que, pour ainsi dire, ils nous ont pris en flagrant délit de formation. »

Cela est évident. A cette cause, purement militaire, s'en joignit une autre, à la fois militaire et diplomatique, plus importante encore, cause que l'on peut appeler capitale de nos désastres ; l'attitude des États du Sud, et leur intervention armée dès le début.

Napoléon III avait compté que, de même que la Confédération germanique avait laissé l'Autriche succomber à Magenta et à Solferino, et n'avait manifesté la volonté de venir à son secours qu'après ces revers, de même les États du Sud allemand resteraient en expectative jusqu'au moment où la défaite de la Prusse montrerait l'Allemagne exposée. Il pensait que ces États ne seraient point fâchés de voir l'orgueil prussien rabaissé, et leur indépendance ainsi garantie contre des convoitises mal déguisées. Il se rappelait qu'en 1866 les Bavarois, notamment, avaient combattu pour cette indépendance ; et il se disait aussi qu'ils hésiteraient sans doute à venir d'emblée au secours de la Prusse, sachant bien que le triomphe de celle-ci serait, tôt ou tard, l'annulation de leur autonomie, et qu'en faisant du roi de Prusse un vainqueur ils s'en feraient un maître.

L'Autriche, dans l'opinion de l'Empereur, devait peser de toute son influence sur ses anciens alliés de 1866, pour les maintenir dans une ligne de conduite analogue à celle que, sous l'influence de la Prusse, ils avaient suivie en 1859. Les intérêts propres de l'Autriche, le souci de sa conservation, de son avenir, lui commandaient une attitude bienveillante, même à défaut de ses rancunes personnelles. Elle ne pouvait ignorer que le triomphe de la Prusse aurait pour conséquence l'absorption du sud Allemand, et que cette absorption serait le premier pas vers celle de la partie allemande de la monarchie. En outre, l'horreur de la cour de Vienne pour la révolution était connue. Napoléon III se rappelait que c'était à un argument de cette nature, habilement présenté, qu'avait été due l'adhésion immédiate, et peut-être un peu bien précipitée, de l'empereur d'Autriche aux propositions de paix de Villafranca. En faisant sentir que le sort de la dynastie Napoléonienne, et par conséquent du principe conservateur en France, dépendait de l'issue de la guerre, on pouvait compter sans nul doute au moins sur un concours moral.

Des arguments analogues devaient agir sur

l'Italie et sur son souverain, même en laissant de côté toutes les considérations de services rendus et de reconnaissance. L'ambition prussienne était connue ; la réunion de la totalité de l'ancienne Confédération germanique, sous le sceptre des Hohenzollern, était son but : et l'Italie ne pouvait oublier, que le jour où ce but serait atteint, les Allemands, suivant leurs tendances héréditaires, iraient vers l'Adriatique et la Méditerranée, franchiraient les Alpes, et déborderaient dans la Péninsule Italique.

La Russie n'ignorait pas que ces mêmes Prussiens revendiquaient comme leurs les provinces Baltiques. Elle avait à assurer l'indépendance du Danemark, sous peine de se voir un jour fermer les détroits. Les considérations les plus fortes lui commandaient de ne pas laisser se créer dans son voisinage immédiat une puissance militaire qui, si on ne l'arrêtait pas, se trouverait bientôt sans contre-poids.

L'Angleterre elle-même, connaissant les vues du cabinet des Tuileries et ses motifs d'agir, sachant pourquoi la guerre était faite et dans quelles limites on voulait la circonscrire, l'Angleterre devait voir sans déplaisir un frein mis au développement d'une puissance qui, dès lors, aspirait à une marine, à des colonies, et, pour y parvenir plus sûrement et plus vite, ne rêvait rien moins que l'annexion du Danemark et de la Hollande.

En un mot, l'Europe entière devrait être déterminée favorablement par deux considérations qui s'appliquaient à toutes les puissances indistinctement :

Dune part, la nécessité de mettre un frein à une ambition qui ne connaissait pas de limites, et qui menaçait tout le monde plus ou moins immédiatement;

D'autre part, l'idée que la dynastie Napoléonienne était le palladium de la conservation en Europe, et qu'une victoire sur la Prusse était indispensable à la consolidation de cette dynastie.

Par conséquent, dans l'opinion de Napoléon III, l'Europe avait intérêt à limiter le terrain de la lutte, et à rendre les chances aussi favorables que possible à la France. Elle devait donc peser de tout son poids sur les États du sud Allemand pour les empêcher de prendre part à la guerre, tant qu'elle ne menacerait pas leur existence : elle devait restreindre le champ clos à un duel entre l'armée française et l'armée prussienne. Non-seulement il n'y aurait pas de question européenne, mais il n'y aurait pas même de question allemande. L'affaire resterait purement et exclusivement prussienne, à la condition que la guerre ne serait pas de la part de la France une guerre de conquête renouvelée du premier Empire.

Tout avait été combiné sous l'influence de ces idées. Et il faut dire que les renseignements transmis à l'Empereur par ses envoyés près les cours étrangères étaient des plus propres à le confirmer dans ces espérances. Ce sont ces renseignements mêmes qui triomphèrent des hésitations du dernier moment, dont Napoléon III n'avait pu se défendre en considérant la terrible partie qu'il allait engager.

Non que ces envoyés n'aient pas fait de leur mieux : mais ils eurent le tort, — reproché déjà plus d'une fois à la diplomatie du second Empire, — d'avoir manqué de pénétration ; de n'avoir pas deviné, comme en Russie, sous les affirmations courtoises, les arrière-pensées et les secrets mobiles ; d'avoir confondu, comme en Autriche, les désirs et les promesses avec la possibilité de les réaliser ; d'avoir méconnu, comme dans l'Allemagne du Sud, qu'il est des circonstances où les calculs de la politique disparaissent devant les entraînements populaires.

Il faut dire d'ailleurs à leur décharge que rien ne fut épargné pour les tromper. Pour n'en citer qu'un exemple, le ministre des affaires étrangères du Wurtemberg, au moment de la déclaration de guerre, M. Varnbühler, s'est vanté depuis, dans une lettre à ses électeurs, d'avoir trompé la France par son attitude indécise jusqu'au 20 juillet 1870, de l'avoir ainsi paralysée dans ses mouvements, et d'avoir largement contribué par cette duplicité à lui faire entreprendre la guerre.

Et cela est profondément vrai : car Napoléon III n'eût certainement pas déclaré la guerre, s'il n'eût compté sur l'abstention au moins temporaire des États du Sud. Cela est indubitable, car tout dépendait de là.

Aussi fut-il atterré en apprenant leur décision. Tous les plans se trouvaient bouleversés. L'équilibre des forces était détruit. C'étaient cent mille hommes, sur lesquels on ne comptait pas, qui, dès le premier jour, se joignaient aux Prussiens pour accabler notre droite, et écraser Mac-Mahon hors d'état de lutter.

En même temps, la mobilisation de l'ennemi s'effectuait avec une rapidité foudroyante : il nous devançait en tout. Toutes les forces de la Prusse devenaient disponibles. Les diversions sur lesquelles on comptait, échappaient de tous côtés. Le succès, par lequel il eût fallu débuter pour décider le Danemark à attaquer, devenait plus que problématique. La conduite des États du Sud, l'attitude des Allemands, de l'Autriche, montraient que l'on ne pouvait espérer au plus

dé la cour de Vienne que des vœux stériles. Ses
velléités belliqueuses, en supposant qu'elle en
eût, étaient paralysées d'une part par l'Italie,
d'autre part par l'attitude recueillie de la Russie.
Celle-ci n'usait de son influence sur le Danemark que pour le retenir ; elle n'avait pas pesé
de son poids habituel dans l'Allemagne du Sud
pour l'arrêter, au contraire. L'Angleterre elle-
même semblait avoir mis toutes ses sympathies
du côté de la Prusse.

Quelques jours avaient suffi pour renverser
toutes les combinaisons, toutes les espérances.
De l'offensive il allait falloir passer à la défensive ; et, comme rien n'avait été préparé dans
cette vue, ce fut un désarroi général, une débâcle
sans exemple.

On peut se demander ici pourquoi Napoléon III n'avait pris aucune précaution, rien préparé pour l'hypothèse d'une guerre défensive. Si
assuré que l'on se croie du succès, la prudence
fait une loi de prévoir toujours le cas d'un revers.
Et, si la rapidité et l'étendue de ceux que la
France essuya alors, dépassèrent toutes les prévisions, il n'en est pas moins certain qu'ils furent
singulièrement facilités par l'absence des mesures

qu'en tout état de cause, il eût semblé indispensable de prendre avant d'entamer pareille affaire.

Ainsi, avant de déclarer la guerre, il eût été naturel d'achever les fortifications de Metz et de garnir la place d'approvisionnements de tous genres en quantité considérable. On eût dû également réformer et compléter les défenses de Strasbourg et des places des Vosges. La même opération aurait du être faite à Paris, la capitale munie d'artillerie à grande portée, et mise par des travaux reconnus depuis longtemps indispensables, à l'abri d'un bombardement. Les arsenaux auraient dû être garnis, l'artillerie perfectionnée. Les chemins de fer stratégiques auraient dû être achevés, notamment celui de Strasbourg à Metz par la frontière, et plus encore la ligne de Châlons à Metz, d'une importance capitale. La garde mobile eût dû être au moins un peu organisée, instruite et équipée. On eût dû étudier et préparer un système de mobilisation moins défectueux. Les états-majors auraient pu être formés et mis en rapport avec les troupes qu'ils devaient commander. En un mot, il y avait une foule de précautions élémentaires qu'il semble que l'on eût dû prendre, et qui, si elles avaient été prises, auraient sans nul doute atténué singulièrement les conséquences des revers du début de la campagne.

On allègue, il est vrai, d'une part les obstacles

que les crédits nécessaires rencontraient dans une partie du Corps législatif, et les résistances de l'opinion publique, indisposée par nombre de journaux et aussi par certains discours tenus à la tribune, contre l'augmentation des dépenses militaires. D'autre part, on rappelle la nécessité de ne pas éveiller les défiances de l'Europe, de ne pas donner des prétextes à la Prusse et des facilités pour la réalisation de ses projets.

Mais, malgré ce que ces motifs ont de fondé, il n'en reste pas moins certain qu'il y eut, dans toute cette affaire, une sorte de précipitation, au moins apparente, et dont il est nécessaire de rechercher la cause.

Or la cause n'est point malaisée à trouver : elle est tout entière dans la grave maladie dont était atteint l'Empereur, jointe à l'état de l'opinion publique et aux progrès de l'opposition parlementaire.

Cette maladie avait atteint un degré qui ne permettait pas de se faire d'illusion. L'opinion publique, le monde des affaires, la Bourse, s'en étaient déjà préocupés. On savait qu'elle rendait nécessaire une opération dont les suites pouvaient être fatales. Plus on retarderait cette opération, plus elle serait périlleuse. L'Empereur, qui savait à quoi s'en tenir, devait donc, comme tout le monde autour de lui, se préocuper de l'hypothèse possible dans la circonstance, celle qui s'est réalisée depuis : sa mort à la suite de l'opération et l'avénement de son fils.

Or, dans l'état où se trouvait l'esprit public depuis l'expédition du Mexique et les triomphes de la Prusse en 1866, la transmission de la couronne à un enfant de quatorze ans, sous la régence d'une femme, paraissait devoir ne pas s'opérer sans difficultés, et peut-être même ne pas s'opérer du tout. La mort de l'Empereur pouvait fort bien être le signal d'une révolution.

L'Empereur devait donc désirer remédier à cette situation : et la première condition pour cela c'était que l'Empire retrouvât son prestige. Une lutte victorieuse contre la Prusse pouvait seule le lui rendre ; mais cette lutte ne pouvait pas être différée pour trois motifs.

Le premier était la raison médicale. L'opération pouvait devenir indispensable d'un jour à l'autre. Dans tous les cas, elle ne pourrait être différée au delà d'une certaine limite : et, en supposant cette limite aussi large que possible, l'Empereur aurait seulement le temps, après la campagne victorieuse qu'on espérait, de prendre ses mesures, d'exécuter les réformes nécessaires pour raffermir l'ordre matériel et mettre un terme aux agitations politiques. S'il lui restait quelque temps, il en avait l'emploi tout tracé en prenant les devants, en associant son fils à l'Empire, et en surveillant lui-même les premiers jours du nouveau règne.

Le second motif était d'ordre politique. En juillet 1870, l'Empereur était encore assez maître de la situation pour déclarer la guerre. Il n'était nullement certain que l'année suivante il le fût encore. Il suffisait pour s'en convaincre de considérer les progrès du parlementarisme, les agitations de la rue et le langage de l'opposition.

Enfin, il y avait un troisième motif d'ordre militaire : c'est que, en déclarant la guerre à la fin de juillet, on n'avait devant soi que deux ou trois mois avant l'hiver, juste le temps nécessaire à la campagne projetée, qui, si on l'eût différée le moins du monde, eût dû être, à cause de la saison, renvoyée à l'année prochaine, où elle eût peut-être été impossible.

Ces trois motifs déterminèrent donc le choix du moment, qui avait été parfaitement pesé. Il n'y eut pas d'improvisation. Tout avait été calculé et prémédité depuis longtemps. Et c'est à cette préméditation et aux préoccupations de cet ordre qu'avaient été dus l'avénement de ce qu'on a appelé l'Empire parlementaire et le choix de M. Émile Ollivier pour premier ministre. On voulait par là arriver à un plébiscite qui confirmât la dynastie et renouvelât sa consécration avant ces circonstances décisives, en même temps qu'on recherchait une certaine popularité et le concours d'un certain nombre de voix, indispensable pour emporter au moment voulu la balance dans le Corps législatif.

C'est uniquement pour ces motifs, que l'Empereur avait appelé M. Émile Ollivier, et non pour sa valeur personnelle. Il avait trouvé en lui un homme à son gré, comme depuis MM. Thiers, Jules Simon et consorts dans M. Gambetta. Plus sincère, plus honnête peut-être, à coup sûr plus désintéressé, M. Ollivier était aussi vaniteux, aussi sot (on peut l'être avec beaucoup d'esprit). C'était l'instrument qu'il fallait, et ce ne fut jamais autre chose entre les mains de Napoléon III et de ses conseillers intimes.

Il va sans dire que, le plébiscite obtenu et la campagne victorieuse que l'on espérait, effectuée, M. Émile Ollivier eût été congédié avec l'Empire parlementaire, pour faire place à un ministère énergique, et à des mesures rigoureuses pendant la crise de la transmission de la couronne.

L'Empire parlementaire est d'ailleurs une impossibilité qui n'a d'égale que le catholicisme libéral. La liberté est incompatible avec la révélation. L'Empire est incompatible avec le parlementarisme. La raison d'être du premier Empire comme du second a été précisément de mettre un terme aux agitations stériles du parlementarisme. Et c'est à ces mêmes agitations que l'Empire revenant devra surtout son retour. Faire des concessions au régime parlementaire, c'est pour l'Empire se diminuer, se détruire, se renier : c'est aller contre sa propre raison d'être.

On voit, par ce qui précède, que le choix du moment d'engager les hostilités n'avait été ni arbitraire, ni précipité. On avait tiré le meilleur parti des circonstances, et l'on s'était préparé aussi bien qu'on avait pu, et dans l'intérêt de la dynastie, et dans celui du pays, qui, dans l'esprit de Napoléon III, étaient des intérêts identiques et absolument inséparables. Car il faut, avant tout, bien se pénétrer du caractère et des idées de l'Empereur pour apprécier sainement les mobiles auxquels il obéissait.

A coup sûr, un homme qui, dans un intérêt personnel, déclare la guerre, commet l'acte le plus odieux. Mais ce n'était pas d'un intérêt personnel qu'il s'agissait pour Napoléon III : c'était de l'intérêt public, de l'intérêt de la France. Depuis quatre-vingts ans, la France vivait de perpétuels changements ; elle avait eu vingt constitutions. Les régimes les plus divers s'y succédaient sans cesse. La révolution y était à l'état permanent. Le seul moyen de mettre un terme à cet état de choses était de faire cesser l'intransmissibilité du pouvoir, caractéristique de la situation. Si l'on n'y réussissait point, qu'arriverait-il ? qui pouvait sonder l'avenir ? On rentrait dans la période de l'inconnu et des crises révolutionnaires.

Le repos, l'avenir de la France étaient donc liés à l'existence de la dynastie. Par conséquent, en cherchant le moyen d'assurer la transmission de la couronne, l'Empereur travaillait pour la France. Or, ce moyen étant nécessairement de rétablir le prestige impérial, et une guerre victorieuse contre la Prusse pouvant seule rétablir ce prestige, en faisant la guerre Napoléon III agissait dans l'intérêt public.

Il ne faut pas oublier qu'il se croyait à lui-même, et qu'il croyait fermement à sa famille, une mission providentielle. Et à coup sûr, son élévation, les succès extraordinaires, les prospérités exceptionnelles qui l'avaient accompagné longtemps, étaient bien faits pour l'affermir dans cette croyance, qui convenait d'ailleurs parfaitement à sa nature d'esprit.

En prenant donc toutes les précautions pour conserver le trône à son fils, il accomplissait ce qu'il considérait comme son devoir envers la Providence et la nation : et c'est à ce point de vue qu'il faut examiner sa conscience et juger ses actes.

C'est aussi à ce point de vue, autant et plus peut-
être qu'à celui de l'équilibre des forces, qu'il se
plaçait pour espérer le concours bienveillant des
autres puissances. Il comptait sur la solidarité
morale qui unit toutes les dynasties. Il comptait
que l'Europe comprendrait son but et ses mobiles,
que l'Europe sentirait que, dans les circonstances,
la défaite de la Prusse serait en même temps une
défaite pour la révolution, comme réciproquement
(l'événement le montra) le triomphe de la Prusse
aurait pour contre-coup le triomphe révolutionnaire.

Il ne se dissimulait pas en effet le moins du
monde, il n'ignorait pas plus que tous les hommes
politiques, M. Thiers en tête, que c'était en réalité
de l'attitude des puissances que dépendrait le
résultat final. Il espérait leur concours, comme
M. Thiers et le gouvernement de la défense nationale l'espérèrent plus tard par des motifs diffé-
rents, mais tout aussi erronés. Ils se trompèrent
également tous : mais ce n'est peut-être pas l'er-
reur de Napoléon III qui fut la plus complète et la
moins excusable.

Malheureusement, à côté de ces intérêts fort
réels, auxquels Napoléon III faisait appel, les

puissances desquelles dépendait surtout l'issue de la lutte, en avaient d'autres, d'une réalisation plus immédiate ; et, comme elles ne pensaient pas alors que les choses iraient si loin ni si vite, elles se croyaient toujours sûres de pouvoir intervenir au moment qui leur paraîtrait opportun.

Il en est des puissances comme des particuliers. Pour se les attacher, pour s'assurer leur concours, il faut les intéresser à sa propre réussite ; il faut user du moyen que M. de Bismarck n'a pas cessé d'employer et qu'il essayait dès lors contre la France, en offrant à l'Italie Rome, à la Russie l'annulation des traités de Crimée, à l'Angleterre l'Égypte, aux autres des lambeaux de la Turquie, à tous quelque chose.

Napoléon III pouvait-il en faire autant ? Toute la question est là.

Pouvait-il donner Rome à l'Italie ? Lui qui venait de faire l'expédition de Mentana ; lui qui, depuis qu'il était au pouvoir, soit président, soit Empereur, s'était constamment posé en champion de la Papauté, pouvait-il sacrifier l'indépendance temporelle du Saint-Siége ?

Pouvait-il abandonner son influence prépondérante en Égypte, et laisser passer en d'autres mains la haute direction de ce canal de Suez, qui était en quelque sorte une œuvre nationale pour la France, une des gloires du règne, et que l'impératrice venait d'inaugurer avec tant d'éclat?

Pouvait-il acquiescer au démembrement de la Turquie, dont la conservation avait motivé la guerre de Crimée? Pouvait-il annuler ces traités de 1856, si chèrement achetés, dont la signature avait marqué l'apogée du règne?

C'eût été un moyen héroïque. Peut-être eût-il réussi. Dans tous les cas, il n'y en avait pas d'autre. Comme le capitaine qui, pour sauver son navire, jette à la mer partie de sa cargaison; comme le médecin qui, pour sauver le malade, tente une amputation suprême, un homme d'État, d'une énergie et d'un coup d'œil hors ligne, l'eût osé peut-être. Il n'eût pas été absolument impossible d'y amener l'opinion. Déjà, par des théories diplomatiques émises en 1866, les esprits avaient été préparés à voir l'Autriche s'étendre vers l'Orient, et chercher de ce côté, et non plus du côté de l'Allemagne, l'expansion de ses forces. On pouvait présenter l'affaire d'Égypte sous un aspect de neutralisation internationale. La Turquie s'étant, depuis quinze ans, montrée impuissante à se régénérer, le spectacle de cette impuissance pouvait motiver la nécessité d'une autre solution. La constitution d'une Église catholique de France, absolument indépendante de l'Église romaine, eût trouvé des apologistes et de nombreux partisans. On ne toucherait pas au dogme, on respec-

terait les positions acquises : mais il y avait d'iné-
luctables nécessités devant lesquelles on était
forcé de s'incliner. Par suite de l'unification de
l'Italie, le Pape ne pouvait plus être en réalité
que le premier des évêques italiens. Le nom
pourrait subsister, mais non plus la chose. On
avait tout fait pour empêcher, pour retarder ce
résultat : mais il était dans les destins. Il fallait
ôter tout prétexte à l'inimitié de l'Italie. On ré-
duirait en France l'opposition au silence en lui
enlevant, par une mesure éminemment popu-
laire, l'un de ses thèmes favoris de déclamation.
Une ou deux victoires sur la Prusse, et quelques
agrandissements de ce côté, eussent achevé d'emporter les suffrages et fait oublier le reste. On
avait vu bien d'autres revirements de l'opinion.

Mais on ne paraît pas être allé jusqu'à cet ordre
d'idées. D'ailleurs le point capital, décisif, c'était
l'attitude de la Russie : c'est elle qui emportait la
balance. L'Autriche et l'Italie se tenaient en échec.
Les États du Sud, le Wurtemberg surtout, d'un
côté, le Danemark, de l'autre, subissaient certainement dans une large mesure l'influence russe.
Le nœud de la question était donc à Saint-Pétersbourg, en 1870, comme il y avait été en 1859; et
la meilleure preuve que Napoléon III ne s'y trom-
pait pas, c'est que, de même qu'il y avait envoyé
M. de Morny avant la guerre d'Italie, de même, en

1870, il s'était fait représenter à Saint-Pétersbourg par son ami intime, le confident de ses pensées, son homme de confiance, M. le général Fleury.

Malheureusement si M. Fleury était un brave militaire, le plus séduisant des écuyers, le plus fidèle des serviteurs, le plus dévoué des amis, ce n'était pas un homme d'État.

Que voulait la Russie? Arriver, sans dépenser un homme ni un écu, à annihiler les résultats de la guerre de Crimée; faire annuler les traités de 1856, et reprendre en Europe la position prépondérante qu'elle avait antérieurement.

Or, d'une part, la Prusse proposait à la Russie, pour prix de sa bienveillance, précisément l'annulation de ces traités. D'autre part, pour que la Russie redevînt l'arbitre de l'Europe, il ne fallait pas que la guerre donnât à la Prusse une situation trop prépondérante.

La politique du cabinet de Saint-Pétersbourg était donc toute tracée, et contenue tout entière en trois points, il fallait : — que la guerre se fît, — que la France fût battue, — que les choses n'allassent pas trop loin.

Obtenir donc que la Russie interviendrait en cas de revers de la France n'était rien. Il n'y avait pas besoin de se déranger pour cela. La Russie l'eût fait quand même, le cas échéant. Son intérêt le lui commandait.

Mais où eût été le mérite, le service éclatant, c'eût été de pénétrer les mobiles de la cour de Russie, de comprendre le but qu'elle poursuivait, de deviner ce que la Prusse lui offrait, et de prendre les devants en déterminant Napoléon III à lui en offrir autant.

Il est possible, sinon probable, que, si cette offre avait été faite et habilement présentée, en y joignant le sentiment énergique de la situation en France et des nécessités de préservation anti-révolutionnaire en face desquelles se trouvait le cabinet des Tuileries, si surtout, simultanément, on eût proposé à l'Italie l'abandon spontané de Rome, il est très-possible que l'issue eût été différente.

M. le comte Fleury n'avait pas d'instructions de ce genre, et il ne s'éleva pas au-dessus de celles qui lui avaient été données. Il les remplit consciencieusement. Les Russes lui prodiguèrent leurs guirlandes habituelles : et son succès se borna à obtenir qu'en cas de revers la Russie interviendrait pour maintenir l'intégrité territoriale de la France.

Le succès était mince, d'autant plus mince que cette intégrité n'était pas même en question dans les vues et les espérances de la Prusse, au moment de la déclaration de guerre; et la Russie savait parfaitement à quoi s'en tenir à cet égard, comme sur tous les plans du gouvernement prussien.

De même que Napoléon III se proposait la reproduction militaire et diplomatique de la campagne de 1859, de même la Prusse se proposait la reproduction militaire et diplomatique de la campagne contre l'Autriche en 1866.

Pour le militaire, les troupes devaient être réparties en deux armées principales d'égale force, assistées de deux armées secondaires. De ces dernières, l'une devait s'occuper de Strasbourg, des Vosges et de l'Alsace; l'autre, composée des 1er, 7e et 8e corps, était destinée à agir contre Metz et à couvrir le flanc des forces principales contre toutes attaques venant du nord-ouest, en s'étendant des Ardennes à la Picardie et à la Normandie.

L'une des armées principales, sous le commandement du prince royal, comprenait trois corps prussiens et la majeure partie des contingents du sud; l'autre, sous le commandement du prince Frédéric-Charles, se composait des 2e, 3e, 4e, 9e, 10e et 12e corps. La garde, annexée à l'armée du prince royal, devait, selon les circonstances, se porter où besoin serait.

De ces deux armées, l'une entrerait par les défilés des Vosges et Nancy, l'autre par Forbach.

Après une série de combats dans lesquels elles refouleraient les forces françaises, elles feraient leur jonction dans la Champagne, où se livrerait une bataille analogue à celle de Sadowa. Si cette bataille était gagnée complétement, comme on l'espérait, elle conduirait sous les murs de Paris, où l'on traiterait comme on avait traité sous les murs de Vienne. C'était la répétition de la campagne contre l'Autriche.

Quant aux conditions du traité, elles devaient aussi être analogues à celles de 1866 : indemnité de guerre, fixée alors à 500 millions; intégrité du territoire français; reconnaissance des faits accomplis outre-Rhin; engagement de ne pas tenter d'intervenir dans les affaires de la Confédération, et de ne pas s'opposer à la réunion de la totalité de l'Allemagne sous la suprématie de la Prusse.

Tels étaient le plan primitif et les conditions du traité à intervenir selon les prévisions de la Prusse. Il n'était nullement question de démembrement. Tout ce qui a été dit et écrit à cet égard, sur la frontière des Vosges et le reste, n'est qu'exagération de l'esprit public, trop facilement reflétée par les journaux. Cela ne tire pas plus à conséquence que ce qui se disait et s'écrivait en France pour la frontière du Rhin.

Napoléon III savait bien qu'on ne lui laisserait pas prendre la frontière du Rhin, et les Prussiens savaient bien qu'on ne leur laisserait pas prendre celle des Vosges.

Napoléon III voulait répéter comme campagne et comme traité la guerre de 1859, la Prusse voulait répéter celle de 1866. L'un et l'autre savaient, au moment de la déclaration de guerre, que, dans l'état des choses, l'Europe ne laisserait pas aller plus loin.

Malheureusement l'état des choses fut entièrement changé par les événements qui s'accomplirent en France au mois de septembre.

———

L'état-major prussien, dans sa relation officielle de la guerre, a émis cette assertion que, si l'Empereur Napoléon III, le jour de la démonstration de Sarrebrück, avait poussé son attaque, il n'eût trouvé devant lui que des forces insignifiantes; qu'il eût pu, profitant du moment, pousser plus loin, et écraser successivement les armées ennemies, avant qu'elles ne fussent formées et à portée de se prêter un mutuel appui.

La relation de l'état-major prussien est très-exacte sous le rapport des chiffres, des dates, des lieux, des faits matériels. Mais, en ce qui concerne les raisons stratégiques, en ce qui touche à l'appréciation des personnes, en tout ce qui est politique ou diplomatie, cette relation, précisément à cause de son caractère officiel, ne doit être acceptée qu'avec les plus grandes réserves. Cela se comprend de reste. Les Prussiens ne veulent pas dévoiler officiellement les causes réelles de leur force et de leurs succès. Ils ne veulent ni indiquer à leurs adversaires les côtés faibles de leur défense, ni leur faire un cours de stratégie, ni les édifier sur la valeur de tel ou tel système, de telle ou telle position, de telle ou telle place forte ; encore moins les renseigner sur la capacité réelle de tel ou tel général, qui peut par exemple se trouver investi aujourd'hui d'un grand commandement, et qu'ils seraient trop heureux d'y retrouver encore, le cas échéant. Aussi se hâtent-ils lentement de terminer un ouvrage qui, depuis cinq ans, eût pu être achevé cinq fois.

Dans l'espèce, il est évident que l'Empereur ne pouvait marcher en avant, par une excellente raison, c'est qu'il n'était pas prêt. L'eût-il été, il ne l'eût pu davantage, par suite de la réunion des contingents du Sud à l'armée du Prince Royal. Car cette réunion mettait Mac-Mahon en face de forces d'une telle supériorité qu'il était obligé de battre en retraite ou d'être écrasé. L'armée du Prince Royal arrivait alors sur le flanc et les derrières de notre armée principale ; et, si cette armée s'était engagée dans la Prusse rhénane, même à la suite de combats victorieux; elle n'eût pas tardé à être prise en tête par Frédéric-Charles, en flanc et en queue par le Prince Royal ; et menacée d'être coupée de sa base, elle eût eu à choisir entre une retraite précipitée et désastreuse ou une capitulation.

La vérité c'est que, du moment où les États du Sud allemand, contrairement à toutes les espérances, sortirent dès le début de la neutralité pour se joindre à l'ennemi, il n'y avait qu'un parti à prendre : battre en retraite sans coup férir. Il fallait que Mac-Mahon, abandonnant l'Alsace, reculât au moins jusqu'aux défilés des Vosges, et que l'armée principale se rapprochât rapidement de lui en laissant Metz de côté.

Le pouvait-on ? Pouvait-on, au lendemain du jour où l'on venait de déclarer la guerre, livrer sans coup férir le sol français à l'invasion ennemie ?

Évidemment non. Aussi l'Empereur, avant même que le premier coup de canon fût tiré, avait compris qu'il était perdu. Un miracle seul eût pu le sauver, et le miracle ne vint pas.

Alors commença l'agonie, le calvaire. Concentrant en lui ses douleurs morales, plus cruelles encore que les douleurs physiques qui le torturaient, il alla, passif et morne, jusqu'à Sedan.

Il ne faut rien moins que l'ignorance incroyable où l'on est en France des choses militaires pour que des avis opposés aient pu se produire, et une polémique s'engager sur les responsabilités de la bataille de Sedan.

La vérité c'est qu'au moment où M. de Mac-Mahon fut blessé, il y avait longtemps déjà que l'armée était perdue pour la France, perdue sans ressources. Pour la sauver, il eût fallu battre en retraite sans perdre un instant, dès le soir même de la bataille de Beaumont, c'est-à-dire le 30 août. Le lendemain 31 août, en sacrifiant la plus grande partie des troupes, on eût probablement pu en ramener la plus petite vers Mézières; on eût encore pu tenter ce jour-là de se jeter en Belgique : mais, comme l'ennemi nous y eût suivis, le terrain de la capitulation, dans ce cas, eût, selon toute probabilité, été seulement déplacé. Le 1er septembre au matin, il n'y avait plus aucune possibilité de salut d'aucun côté.

A plus forte raison quand Napoléon III prit sur lui d'ordonner la capitulation, il ne restait plus rien, absolument rien à tenter pour le salut de l'armée. Prolonger le combat, c'était prolonger un carnage absolument inutile. C'en était fait. Napoléon le sentit; et, en sortant à ce moment du rôle passif où il s'était renfermé jusque-là : en intervenant pour ordonner une capitulation, dont il a revendiqué hautement depuis la responsabilité, il a fait ce que, dans la situation, lui commandait le devoir.

Ceux qui proposèrent alors à l'Empereur de réunir quelques milliers de braves, et de se frayer à leur tête un passage, étaient mus par un sentiment chevaleresque : mais ils ne réfléchissaient pas à ce qu'ils proposaient. C'était tout simplement l'abandon de leurs compagnons d'armes; c'était ce que les règlements militaires défendent si sévèrement : séparer le sort des chefs de celui de leurs soldats. Dans un pareil moment, c'était une désertion. Que serait devenue cette malheureuse armée, acculée dans Sedan ? Quel effroyable désordre, quels actes d'insubordination, de violence, de pillage n'eût-on pas vus se produire dans cette multitude affolée ! Qui aurait eu qualité pour prendre une résolution et pour l'imposer ?

Si l'Empereur avait été tué à l'heure où il se porta sur le champ de bataille, l'armée était encore constituée. Il eût laissé après lui un commandement organisé et obéi. Mais, s'il eût suivi le conseil qui lui fut donné au dernier moment, de tenter une trouée, il n'eût rien laissé derrière lui. L'armée restait sans Empereur, sans général en chef, sans pouvoir central et supérieur. Que, dans cette tentative, Napoléon III réussît à s'évader, qu'il fût pris, ce qui était le plus probable, ou

qu'il fût tué, le résultat était le même pour l'armée : elle était abandonnée.

L'Empereur ne pouvait pas, ne devait pas séparer son sort de celui de ses soldats : ou mourir
avec eux, ou capituler avec eux. Et, en prenant
l'initiative de la capitulation, en s'en déclarant
hautement responsable, il a bien agi.

La seule critique sérieuse, c'est que l'Empereur
n'ait pas cru devoir faire ce que firent depuis
M. Thiers et les membres du gouvernement de la
Défense nationale, lors de la capitulation de Paris :
étendre cette capitulation à un armistice général et à des préliminaires de paix. Ce mode de
procéder offrait de grands avantages ; non-seulement il eût arrêté partout les hostilités, mais
surtout il eût, en fixant l'étendue des conditions
de paix, rendu peut-être impossible ce qui suivit
et les aggravations qui en résultèrent. Dans tous
les cas, MM. Jules Simon, Favre, Gambetta, Picard
et consorts y auraient regardé à deux fois avant
d'aggraver, de leur propre chef, une responsabilité
dont l'étendue n'eût pu donner lieu à la moindre
contestation.

Mais, d'une part, il n'est pas certain que l'état-
major prussien eût consenti ; d'autre part, l'Empereur ne voulait pas enchaîner la liberté d'action
des grands corps de l'État et des pouvoirs consti-
tués. Surtout, il voulait laisser le champ libre à

l'intervention de l'Europe qui ferait, pensait-il, des conditions meilleures. Ces motifs l'emportèrent dans son esprit; et peut-être avait-il raison à son point de vûe, ne pouvant prévoir qu'on continuerait la guerre quand même, après la catastrophe.

Du reste, il agissait à Sédan d'après une idée préconçue, celle qui dominait sa vie, et qui naturellement avait plus que jamais hanté son esprit depuis le début de la campagne. Arrivé au faîte du pouvoir comme Napoléon Ier, il se voyait tombé comme lui, d'une chute soudaine et terrible. Il rapprochait leurs destinées. Où trouver un plus grand exemple, un plus beau modèle? La postérité n'avait-elle pas glorifié sa fin, et sa reddition au Régent d'Angleterre, et sa captivité? L'expédition du Mexique rappelait à Napoléon III celle d'Espagne, son prestige entamé, une sourde opposition se manifestant, timide d'abord, puis grandissant, grandissant : et enfin cette entreprise décisive, où ses calculs étaient trompés à leur tour par la défection, l'indifférence au moins d'alliés qui lui devaient leur élévation, de puissances sur lesquelles il croyait pouvoir compter, comme jadis son oncle comptait sur l'Autriche.

Il avait suivi la marche de l'armée, impassible comme l'homme qui se sent pris dans un engrenage invincible, qui se sent saisi par une main de fer inexorable. Impassible, il alla s'offrir au feu, avec indifférence, pour voir s'il devait être tué, si la balle ou le boulet qui devaient le frapper étaient fondus. La mort ne l'ayant pas pris, il se retira, toujours aussi impassible : et, comme son oncle, il écrivit au chef de ses ennemis qu'il se remettait en ses mains.

On ne peut se défendre ici d'une réflexion. Si le maréchal de Mac-Mahon n'eût pas été blessé, il eût dû conserver le commandement en chef, et, en cette qualité, il eût signé la capitulation. Un conseil de guerre l'eût jugé plus tard : et qui sait si l'on n'aurait pas fait de lui le bouc émissaire des revers de la France ? Peut-être la capitulation même de Metz eût-elle été mise à son compte. Dans tous les cas, sa vie militaire et politique était bien probablement finie.

Si Napoléon III avait eu la chance de M. de Mac-Mahon, s'il eût été atteint d'un éclat d'obus, surtout s'il eût été frappé mortellement, quelle différence dans les appréciations, — non pas de l'histoire, qui pénètre au fond des consciences, — mais du public ! Tous les désastres eussent été mis au compte des généraux, des ministres ou des diplomates. La mort sur le champ de bataille absolvait Napoléon III : et son uniforme, troué par les balles prussiennes, n'eût pas été le linceul de sa dynastie, mais son drapeau.

Si Napoléon III avait été tué à Sedan, Napoléon IV serait aujourd'hui sur le trône. Tout valait mieux, pour l'intérêt de son fils, que de capituler. Pour le prestige, pour la mise en scène, pour la légende, ne pouvant vaincre, il fallait mourir, mourir à tout prix. Sans doute il y eût eu bien plus de victimes : bien des braves soldats auraient payé de leur vie la splendeur de ce dénoûment. Mais, pour cette immense quantité de sots qui, au dire de Chamfort, est nécessaire pour former un public, cela eût mieux valu.

3454. — Paris. — Impr. Arnous de Rivière et Cᵉ, rue Racine. 26.